DUDEN

Sachunterricht 2

Herausgegeben von Prof. Dr. Michael Gebauer

Erarbeitet von Dr. Helga Jarausch,
Daniela Kannenberg, Siglinde Kiesel,
Petra Simmat, Thomas Sudeik, Elke Toledo,
Sabine Wrba und Maren Zierfuß

Unter Beratung von Ingrid Jäger-Gutjahr

Duden Schulbuchverlag
Berlin, Mannheim

Inhaltsverzeichnis

Schreiben

Malen

Ausschneiden und einkleben

Beobachten, erkunden

Herstellen

Experimentieren

Informationen beschaffen

Sprich darüber!

Präsentieren

Wiederholende und festigende Aufgaben

Grundaufgaben

Knobelaufgaben

Lexis Lernscheibe

Die Lexi-Lernscheibe hilft dir,
wenn du mehr über ein interessantes Thema erfahren möchtest.

Weißt du zum Beispiel, wie die Menschen in deiner Stadt früher gelebt haben?

Sprich darüber!

Sich informieren

Beobachten, erkunden

Malen, schreiben

Ausschneiden und einkleben

Experimentieren

Herstellen

Präsentieren

In der Klasse

Regeln und Dienste

1 Regeln sind wichtig. Warum?

2 Findet Regeln für eure Klasse. Stellt eine Regelsonne her.

Wenn es in der Klasse 2c Probleme gibt, schreiben es die Kinder in ein Buch. Jeden Freitag hält die Klasse einen Klassenrat ab. Dabei müssen Gesprächsregeln beachtet werden.

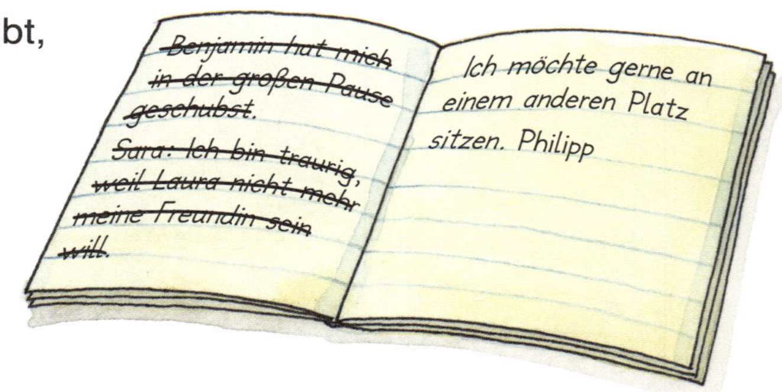

3 Welche Regeln müsst ihr bei einem Gespräch beachten?

____

____

____

____

____

1 Welche Dienste werden hier gebraucht? Denke dir ein Zeichen dafür aus.

2 Stellt Schilder für eure Dienste her.

Sicher im Straßenverkehr

Richtiges Verhalten im Straßenverkehr

1 Wer verhält sich richtig? ☐ Wer begibt sich in Gefahr? ☐

Verschiedene Schulwege

1. Zeichne für Jan und für Lisa den sichersten Schulweg mit verschiedenen Farben ein.

2. Beschreibe den sichersten Schulweg von Jan und Lisa. Welche Straßen benutzen sie? An welchen wichtigen Gebäuden kommen sie vorbei?

3. Beschreibe deinen Schulweg. Nenne dabei mögliche Gefahrenstellen.

Zeichen regeln den Verkehr

1 Was bedeuten diese Verkehrszeichen? Trage die Namen ein und male sie aus.

1 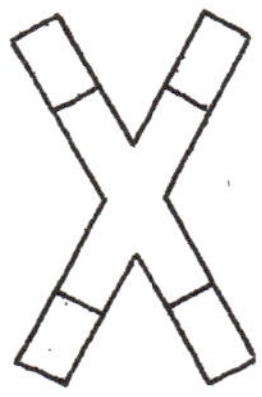

2 

3 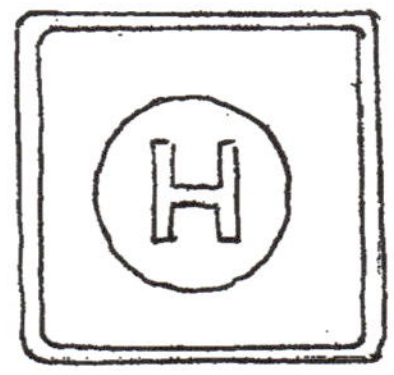

4 

5 

6 

2 Ordne die Nummern der Verkehrszeichen den passenden Bildern zu.

3 Welchen Verkehrszeichen begegnest du auf deinem Schulweg?

1 Betrachte die Bilder. Ordne die richtigen Verkehrszeichen von Seite 81 zu.

2 Zwei Zeichen bleiben übrig. Was bedeuten sie?

3 Wer darf gehen oder fahren? Male grün an.
Wer muss warten? Male rot an.

Sind wir alle gleich?

1 Beschreibe die Kinder. Finde Gemeinsamkeiten und Unterschiede.

2 Das bin ich.

Ich bin ein ______________________ .

meine Haarfarbe: ______________________

meine Augenfarbe: ______________________

mein Lieblingsessen: ______________________

mein Lieblingsspielzeug: ______________________

Ich mag ... ______________________ ______________________

Ich mag nicht ... ______________________ ______________________

Besonderes über mich:

____

____

3 Was habt ihr gemeinsam, was unterscheidet euch?
Vergleicht in der Klasse.

Mit Behinderungen leben

1 Welche Krankheiten kennst du?

Manche Menschen sind krank ▢. Andere sind behindert ▢.
Male das Kästchen in der richtigen Farbe aus.

2 Probiere mit verbundenen Augen aus.

3 Wie würdest du dich verhalten?
Spiele die Situationen mit anderen Kindern nach.

Gefühle wahrnehmen und zeigen

1 Wie fühlen sich die Kinder?

beschämt, traurig, glücklich, fröhlich, ängstlich

2 Wann fühlst du dich so?

Ich bin glücklich, wenn ...

Ich bin traurig, wenn ...

Ich habe Angst vor ...

Ich bin wütend, wenn ...

3 Was magst du? Was magst du nicht?

4 Wie verhältst du dich, wenn du etwas nicht magst?

Gewusst wie ...

Wiederhole

1 Welche Gesprächsregeln kennst du?

2 Findest du Regeln und Dienste für eine Klasse wichtig? Begründe deine Antwort.

3 Wie fühlen sich die Kinder?

4 Wie verhältst du dich hier richtig?

Schau nach

5 Erkundige dich, welche Dienste es in anderen Klassen gibt.

6 Welche Regeln gibt es an eurer Schule?

7 Bis zu welchem Alter dürfen Kinder auf dem Fußweg Rad fahren?

8 Zeichne die richtige Lichtfolge und Lichtfarbe der Ampel ein.

Probiere aus

9 Wie gut kannst du verschiedene Töne* unterscheiden und ihre Richtung bestimmen? Präge dir einen Fahrradklingelton gut ein und versuche dem Kind mit der Klingel zu folgen.

Schlauberger

10 Was ist ein Katzenauge?

11 Wo gehst du, wenn es keinen Gehweg gibt?

Herbstwetter

1 Welches Wetter ist hier zu sehen?
Klebe die passenden Zeichen und Texte von Seite 81 auf.

2 Wie ist das Wetter in dieser Woche? Trage es in die Tabelle ein.
Verwende die gleichen Zeichen und Wörter wie oben.

Montag Datum: ______	Dienstag Datum: ______	Mittwoch Datum: ______	Donnerstag Datum: ______	Freitag Datum: ______

Wärme und Kälte messen

1 

2 Baue ein Thermometer*.
Du brauchst:

Das musst du tun:

3 Miss mit deinem selbst gebauten Thermometer* die Temperatur im Klassenzimmer und auf dem Schulhof. Markiere den Flüssigkeitsstand am Trinkhalm.

4 Was beobachtest du?

____

5 Führe die gleiche Messung mit einem geeichten Thermometer* durch.

6 Trage die gemessene Temperatur ein.

Temperatur im Klassenzimmer: ______________ auf dem Schulhof: ______________

Ein Baum im Herbst

1 Betrachte einen Baum ganz genau. Zeichne ihn naturgetreu ab.

2 Ein Baum hat verschiedene Teile. Ordne die Begriffe von Seite 81 richtig zu.

3 Stelle aus fünf Pfeifenputzern das Modell eines Baumes her.
Gestalte ihn mit Naturmaterialien.

1. 

2. 

3. 

Lebensraum Baum

Eine Eiche bietet vielen Tieren Nahrung und Lebensraum*.

1 Ordne den Texten die entsprechenden Tiere von Seite 83 zu.

2 Welchen Tieren gibt der Baum noch Lebensraum? Informiere dich über eines davon. Berichte darüber vor der Klasse.

Sinne

Unsere Sinne

Entdeckungen im Schulgarten

1 Welche Sinne benutzen die Kinder? Kreuze an.

1.					
2.					
3.					
4.					
5.					
6.					

2 Mit unseren Sinnen können wir ...

__________ __________ __________ __________ __________

3 Teste deine Sinne.

Das Auge

1 Betrachte deine Augen genau.
Zeichne eines davon.

Augenbraue*

Wimper*

Augenlid*

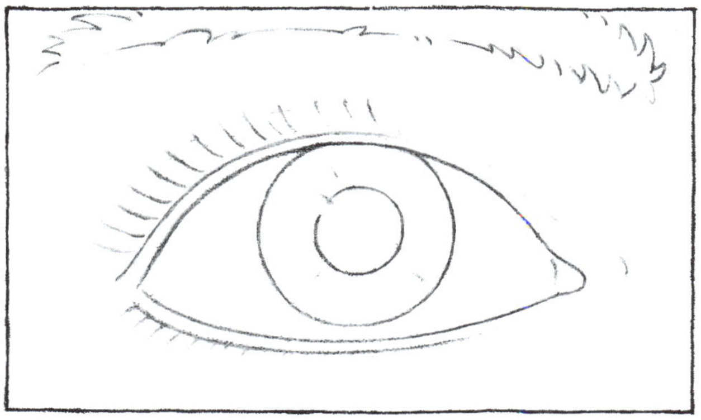

Regenbogenhaut* (Iris)

Pupille*

Augapfel*

2 Verbinde die Begriffe mit den dazugehörigen Teilen des Auges.

3 Vergleicht eure Augen. Was ist gleich, was unterschiedlich?

4 Augen auf! Wo entdeckst du diese Unterschiede?

nah – fern
verschiedene Formen
verschiedene Farben
groß – klein
schnell – langsam

5 Wie ist es, wenn du nicht gut sehen kannst? Probiere es aus.

Das Ohr

1 Höre genau hin. Welchen Unterschied stellst du fest?

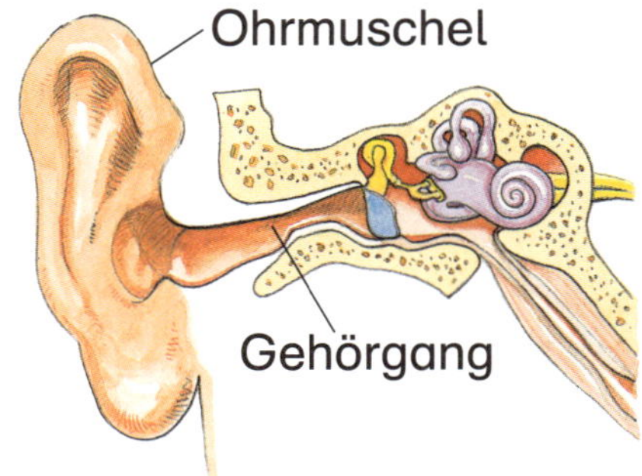

2 Mit deinen Ohren kannst du ganz unterschiedliche Töne hören.
Probiere aus und ordne es zu.

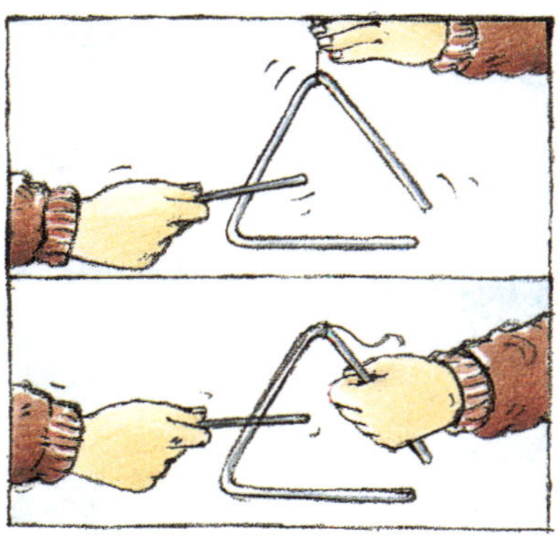

laut – leise hoch – tief kurz – lang

3 Aus welcher Richtung kommt das Geräusch?
Höre genau hin.

Die Sinne der Tiere

1 Wie heißen die Tiere? Ordne ihnen die Nummern aus Aufgabe 2 zu.

2 Welche Sinne sind bei diesen Tieren besonders gut entwickelt? Schreibe es auf.

1. Fledermaus: ______________________________

2. Eule: ______________________________

3. Fuchs: ______________________________

4. Reh: ______________________________

5. Eichhörnchen: ______________________________

3 Suche dir ein weiteres Tier aus.
Informiere dich über die Leistungsfähigkeit seiner Sinne.

Ernährung

Unsere Nahrungsmittel

1 Warum sind die einzelnen Felder im Kreis verschieden groß?

2 Wie heißen die Nahrungsmittelgruppen?

Fette und Öle   Getreideprodukte und Kartoffeln   Gemüse   Obst

Milch und Milchprodukte   Fisch, Fleisch und Eier   Getränke

3 Schreibe auf, was du gerne isst und trinkst. Zu welchen Nahrungsmittelgruppen gehören diese Dinge? Kreise sie mit den entsprechenden Farben ein.

___

___

Wir kochen eine Gemüsesuppe

Gemüsesuppe für 4 Personen

1. Wasche .
2. Schneide ab.
   Schäle .
3. Schneide .
4. Schmelze im Topf .
   Gib das hinzu und brate es, bis es bräunlich wird. Rühre dabei mit einem Rührlöffel um.
5. Gieße in den Topf und gib einen dazu. Lege den Deckel darauf und lasse alles 25 Minuten kochen.
6. Rühre zum Schluss noch etwas unter.
7. Bestreue die Suppe vor dem Servieren mit .

1 Welche Arbeitsgeräte brauchst du? Schaue im Rezept nach.

2 Welche Zutaten brauchst du für die Suppe? Schreibe sie auf den Einkaufszettel.

Einkaufszettel

____

____

____

____

3 Wo kannst du diese Zutaten kaufen? Verbinde sie mit den Bildern.

?! Gewusst wie ...

Wiederhole

(1) Überlege dir Wettersymbole für folgende Wettererscheinungen.
Zeichne sie und vergleiche sie mit den Symbolen des Wetterberichts.

Schnee	Bewölkung	Sturm	Regen

(2) Nenne mindestens drei Tiere, die in der Baumkrone einer Eiche leben.

(3) Welchen Sinn benutzen die Kinder?

(4) Aus welchen Nahrungsmittelgruppen besteht das Essen?

◯ ______________________________

◯ ______________________________

◯ ______________________________

◯ ______________________________

Schau nach

(5) Wo verwendet man diese Thermometer*?

(6) Ab welcher Temperatur spricht man von Frost?

(7) Welche Hilfsmittel benutzen schwerhörige und taube Menschen?

(8) An welchem Tag ist Herbstanfang?

(9) Wenn der Herbst zu Ende geht, siehst du kaum noch Tiere an einer Eiche.
Wo befinden sie sich jetzt?

Probiere aus

1. Welchen Unterschied stellst du fest?

2. Wie kommt der Goldfisch in das Glas?

Du benötigst:

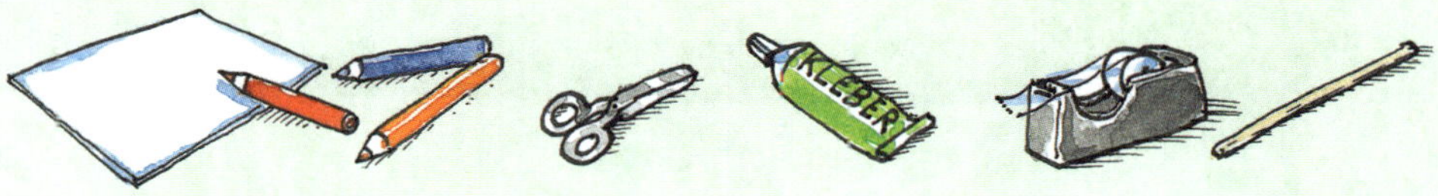

1. Schneide aus der Pappe ein Rechteck so aus, dass du es zu zwei Quadraten zusammenfalten kannst. Falte das Rechteck und öffne es anschließend wieder.

2. Zeichne in die Mitte des linken Quadrats einen Fisch, in die Mitte des rechten das dazugehörige Aquarium.

3. Falte nun das Rechteck in der Mitte und klebe es so zusammen, dass die Bilder nach außen zeigen. Am unteren Ende lässt du in der Mitte eine kleine Lücke, in die du den Holzstab einklebst.

4. Drehe den Stift nun ganz schnell zwischen deinen Händen hin und her. Schwimmt dein Fisch im Glas?

Schlauberger

3. Warum haben Elefanten so große Ohren?

4. Womit schmeckt eine Schnecke?

5. Gibt es wirklich nur fünf Sinne?

6. Warum sind Regenwolken so dunkel?

7. Welche Tiere legen aus Eicheln einen Wintervorrat an?

8. Warum knurrt dein Magen manchmal?

9. Wie heißt der Sommer, den es erst im Herbst gibt?

Ein Haus – viele Familien

1 Welche Familien* wohnen in diesem Haus? Ordne die Bilder von Seite 83 zu.

kleben	Özgür ist sieben Jahre alt. Er lebt mit seinem Vater und seiner Mutter in einer kleinen Familie. Özgür hat keine Geschwister*.	Tim und sein Vater kochen oft abends, wenn Tims Vater von der Arbeit kommt. Tims Mutter wohnt in einer anderen Stadt.	kleben
kleben	Der Vater von Jakob und die Mutter von Luisa haben sich getrennt. Sie haben gemeinsam eine neue Familie gegründet.	Nina und Erik leben mit ihrer Mutter Sabine in einer großen Wohnung. Dort wohnen auch Marie und ihre Mutter Pia.	kleben
kleben	Jan und Mareike leben mit ihren Eltern und Großeltern in einer großen Familie. Sie haben noch einen Bruder und eine Schwester.	Eli und Lea sind Schwestern. Sie wurden in Afrika geboren. Klaus und Anna haben sie adoptiert*.	kleben

2 Wer wohnt bei dir? Male oder klebe Fotos ein. Erzähle davon.

Meine Familie – meine Verwandten

1 Trage die Namen deiner Familienmitglieder ein.

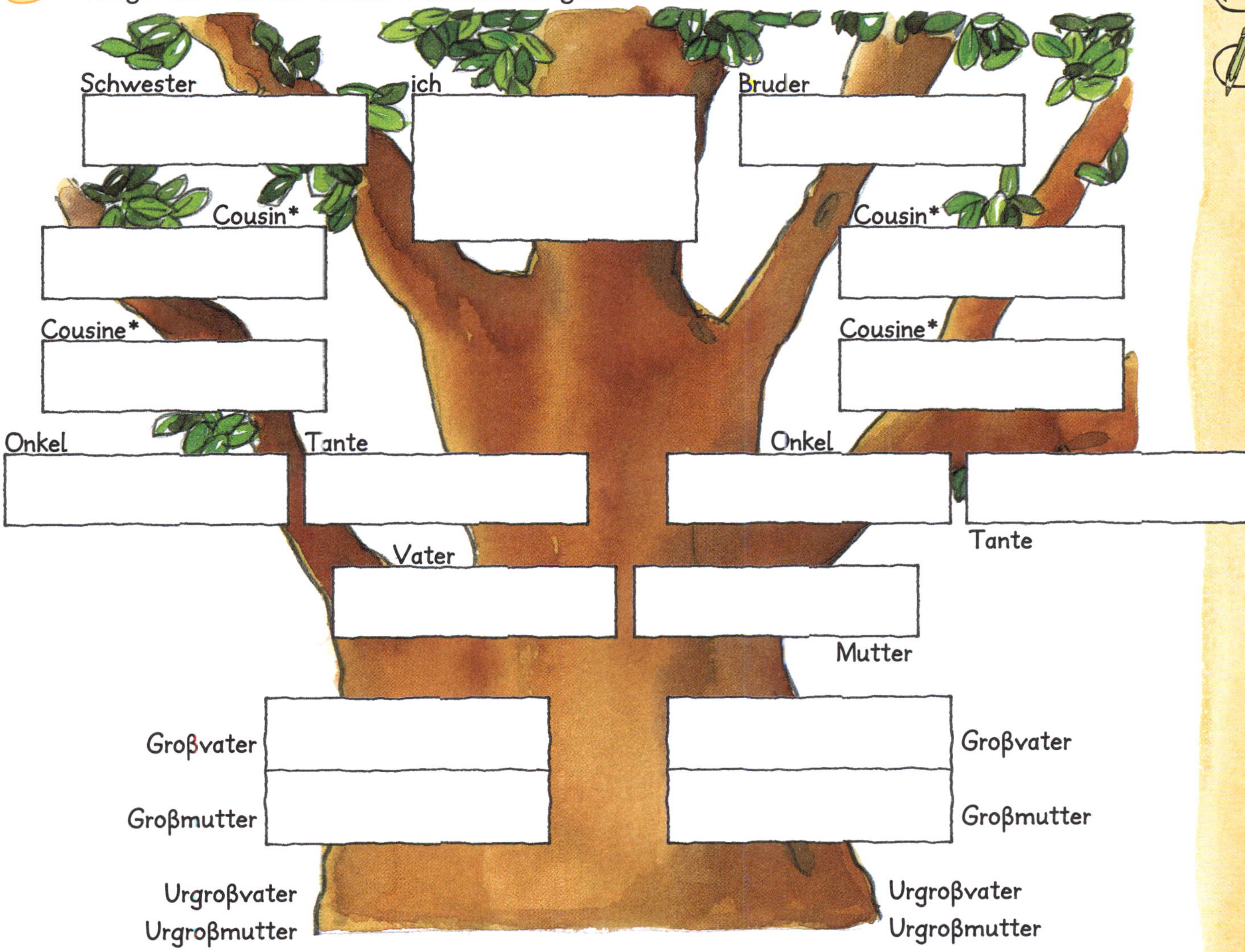

2 Wer ist gemeint? Die Begriffe in den Blättern helfen dir.

Geschwister* **Enkelkind** **Tochter** **Eltern** **Großmutter**

Vater und Mutter sind meine ____________________ .

Brüder und Schwestern heißen zusammen ____________________ .

Die Frau meines Großvaters ist meine ____________________ .

Ich bin das ____________________ meiner Großeltern.

Meine Mutter ist die ____________________ meiner Großeltern.

Alle helfen mit

1 Was muss Familie Fröhlich hier noch alles tun?

2 Wer erledigt folgende Arbeiten bei dir zu Hause?

1 Wie hat Familie Fröhlich die Arbeit im Haus neu verteilt?

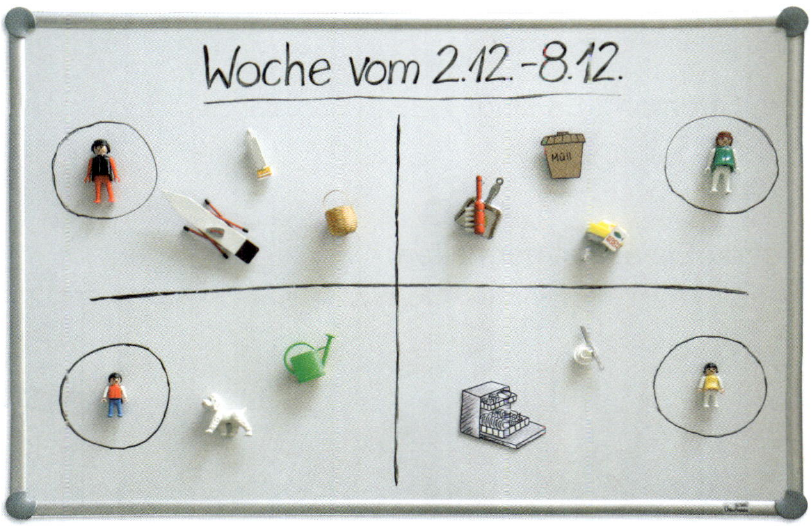

2 Diese Aufgaben übernehme ich zu Hause gern.

Diese Aufgaben übernehme ich zu Hause nicht gern.

Eis und Schnee

1 Was hat sich verändert?

Schneeflocken sind Kristalle* aus gefrorenem Wasser.
Sie haben eine besondere Form.

2 Zähle die „Strahlen“. Es sind ______________ .

3 So kannst du Eis selbst herstellen:

4 Lege einen Eiswürfel mit einem Obststück darin auf eine Untertasse.
Was passiert? Beobachte.

____

Eisforscher

1 Probiere aus. Was stellst du fest?

2 Stülpe nun den Joghurtbecher um. Lege das Eis in eine Schale mit warmem Wasser. Schreibe deine Beobachtungen auf.

3 Baue einen Schlittschuhläufer und stelle ihn auf einen Eiswürfel.

4 Beobachte ihn einige Zeit. Was passiert?

Info

Eis schmilzt, wenn es warm wird. Es wird zu Wasser.
Eis schmilzt auch, wenn ein Gewicht darauf lastet.

Zeit vergeht – Zeit kann man messen

1

2 Wer hat recht?

3 Wann vergeht die Zeit für dich schnell  , wann langsam  ?
Probiere es mit einem Partner aus. Kreuze das richtige Kästchen an.

Schon lange bevor es Uhren gab, konnten die Menschen Zeit messen.

1 Probiert zu zweit verschiedene Möglichkeiten aus.
Wie lange dauert es?

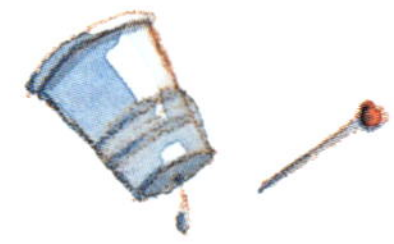

	Wie viele Atemzüge lang?	Wie viele Wassertropfen lang?
10 Kniebeugen machen		
alle Monate aufsagen		
eine Schleife binden		

2 So kannst du eine der ältesten Uhren, eine Sanduhr, bauen.
Dazu brauchst du:

1. Klebe die beiden Schraubdeckel zusammen.

2. Schlage durch die beiden Deckel ein Loch.

3. Siebe den Sand fein und fülle ihn in eines der Gläser.

4. Schraube die beiden Gläser an ihre Deckel.

3 Baut eine Sanduhr, die genau eine Schulstunde misst.
Wie löst ihr diese Aufgabe?

So viele Uhren?

Die Sonnenuhr, die Wasseruhr und die Sanduhr gehören zu den ersten Uhren, die Menschen erfunden haben.

Kerzenuhren und Öluhren wurden früher oft in Klöstern verwendet. Die Flamme verbrennt das Kerzenwachs und das Öl im Vorratsbehälter gleichmäßig schnell. So konnten die Mönche die Zeit zwischen zwei Gebeten messen. Kerzenuhr und Öluhr haben gegenüber Wasseruhren den Vorteil, dass man die Zeit auch bei Dunkelheit ablesen kann.
Mit der Erfindung der mechanischen Räderuhr konnten die Menschen die Zeit genauer in Stunden, Minuten und Sekunden einteilen. So wie die Pendeluhr und die Taschenuhr funktionieren auch heute noch viele Uhren.

1 Informiere dich über eine dieser Uhren genauer. Zeichne und beschrifte sie.

2 Wie heißen diese Uhren? Male die Punkte in der passenden Farbe an. Welche Uhrzeiten zeigen sie an?

Armbanduhr
Bahnhofsuhr
Kuckucksuhr
Standuhr
Wecker

______ Uhr

______ Uhr

7:40 Uhr

______ Uhr

______ Uhr

Kalender

Diesen Kalender hat die Klasse 2 b im Juli erstellt.

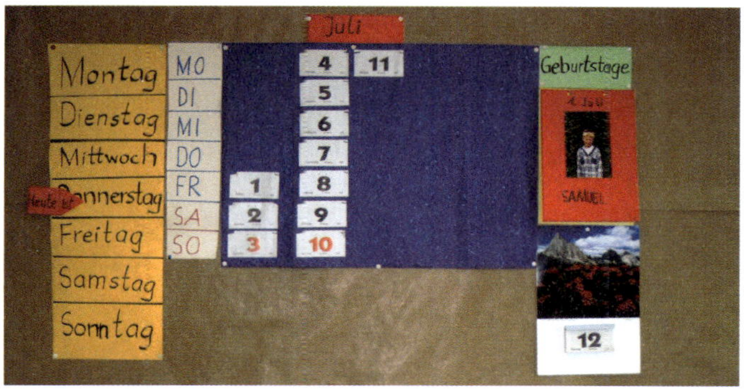

Es gibt ganz unterschiedliche Kalender.

1 Schreibe die passenden Zahlen in die Kästchen.

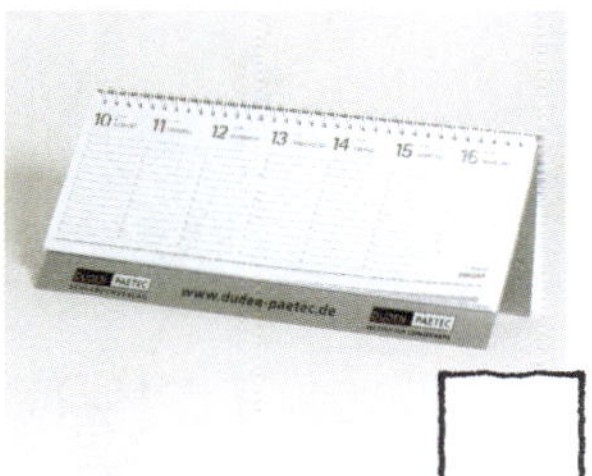 ☐

☐

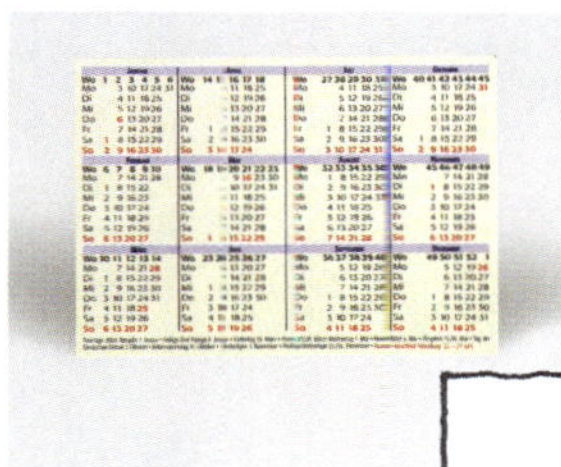 ☐

 ☐

[1] Monatskalender [2] Jahreskalender [3] Wochenkalender [4] Tageskalender

2 Bringt einen Kalender aus diesem Jahr mit. Schau nach:

An welchem Wochentag hast du Geburtstag? ______________________________

Nikolaustag ist immer am 6. Dezember.
Welcher Wochentag ist das in diesem Jahr? ______________________________

Wie heißt der dritte Monat im Jahr? ______________________________

Was bedeuten die roten Tage im Kalender? ______________________________

Welcher Monat hat die meisten Sonn- und Feiertage? ______________________________

Welches ist der kürzeste Monat im Jahr? ______________________________

Es gibt zwei Monate im Jahr mit 31 Tagen hintereinander. Wie heißen sie?

______________________________ und ______________________________

An welchem Tag und in welchem Monat ist Sommeranfang? ______________________________

Ein Pflanzenkalender

1 Trage die fehlenden Monatsnamen in den Pflanzenkalender ein.

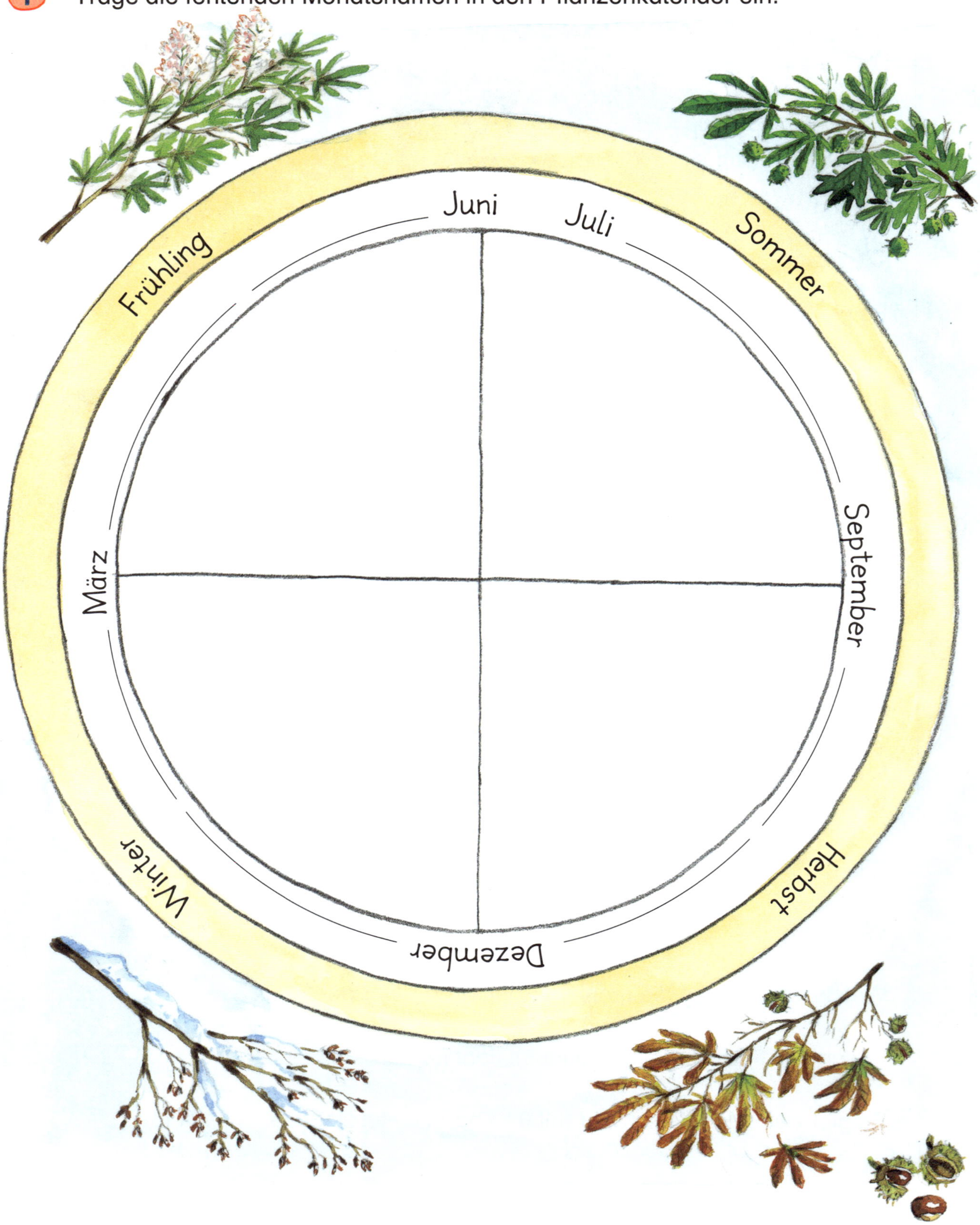

2 Ordne die Pflanzen von Seite 85 den Jahreszeiten im Kalender zu.

Erfindungen und Erfinder

All die nützlichen Dinge, die wir im täglichen Leben verwenden, wurden einmal von Menschen erfunden.

1 Ordne die passenden Beschreibungen zu.

U Aus Stoff benutzen es die Menschen schon lange. Seit 75 Jahren wird es aus weichem Papier hergestellt.

D Im Jahr 1995 wurde diese kleine runde Scheibe erfunden. Auf ihr kann man Filme speichern.

E Sie wurde vor ungefähr 700 Jahren in Italien erfunden und hilft vielen Menschen beim Lesen. Davor gab es schon den Lesestein* und das Einglas*.

L Vor ungefähr 20 Jahren war es noch so groß wie ein Schuhkarton. Heute passt es in jede Hosentasche.

G Sie hat zwei Schneiden. Die Chinesen erfanden sie schon vor 3500 Jahren.

D Sie wurde ebenfalls in China erfunden. Vor 500 Jahren waren ihre Borsten aus hartem Schweinehaar. Heute ist sie viel weicher. Du benutzt sie täglich.

Ein Erfinder* braucht eine gute Idee und viel ☐ ☐ ☐ ☐ ☐ ☐ .

2 Über welche Erfindungen* oder welche Erfinder* möchtest du mehr erfahren?

?! Gewusst wie ...

Wiederhole

1 Kreise echte Schneeflocken ein.

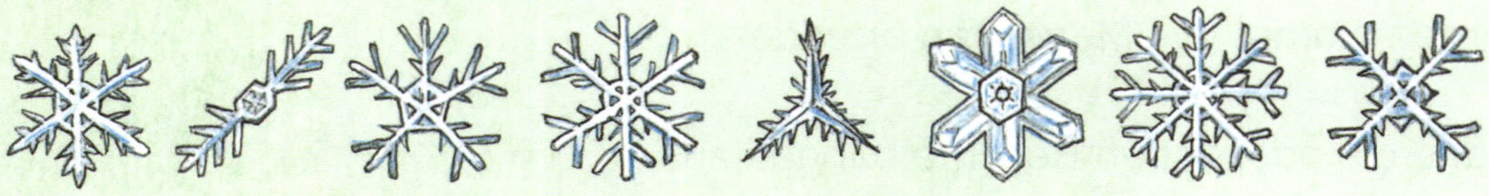

2 Welche Bezeichnungen gehören zusammen?
Umrande sie in der gleichen Farbe.

Großvater   Großonkel   Schwager   Schwiegersohn   Neffe

Schwägerin   Nichte   Großmutter   Großtante   Schwiegertochter

3 Welche Uhren haben keine Zeiger?

4 Welche Uhr ist nach einem Vogel benannt?

5 Welche beiden Monate haben hintereinander 31 Tage?

Schau nach

6 Wie bilden sich Eiszapfen?

7 Wo auf der Erde gibt es riesige Eisgebiete?

8 Was bedeuten diese Zeichen? * ⚭ †

9 An welchem Datum fangen die vier Jahreszeiten an?

Frühling: ____________   Sommer: ____________   Herbst: ____________   Winter: ____________

10 Welche Jahreszeiten haben die wenigsten Tage?

11 An welchen Tagen im Jahr ist der Tag genau so lang wie die Nacht?

12 Heute können wir viele Dinge sehr schnell erledigen. Wie war es früher?

?!

Probiere aus

1. Miss mit einer Stoppuhr eine Minute lang deinen Pulsschlag, deine Atmung und deinen Lidschlag. Schreibe die Ergebnisse auf und vergleiche.

2. Der magische Draht

So gehst du vor:

1. Binde zwei gleich große Löffel an die beiden Enden eines Drahts.

2. Lege einen Eiswürfel auf den Korken einer Flasche.

3. Lege nun den Draht vorsichtig über den Eiswürfel.

4. Was kannst du beobachten? Notiere es.

Schlauberger

3. Warum ist es für ein Schiff gefährlich, einem Eisberg zu nahe zu kommen?

4. Wie nennt man die Großmutter deiner Großmutter?

5. Anna, Rosa und Tina sind miteinander verwandt. Annas Mutter ist das Kind von Rosa. Rosa ist die Mutter von Tina. Wie heißen Großmutter, Mutter und Tochter?

6. Warum können manche Menschen nur alle vier Jahre ihren Geburtstag feiern?

7. Welche Uhr geht ganz genau?

8. Welche Tiere sind nachts aktiv?

Was Luft alles kann

1 Probiere aus und kreuze an, was du herausgefunden hast.

1 Wie lange kannst du die Luft anhalten? Übertreibe dabei nicht.

Schreibe die Sekunden auf.

_______________ Sekunden

Was stimmt?

Wir können auch ohne Luft leben.

☐ K

Wir brauchen Luft zum Leben.

☐ B

2 Puste einige Male kräftig in den Trinkhalm. Halte das Glas dabei fest. Was beobachtest du?

____

____

Was stimmt?

Luft braucht keinen Platz.

☐ E

Luft braucht Platz.

☐ A

3 Stelle den Fön auf die höchste Stufe und halte einen Tischtennisball in den Luftstrahl. Was passiert?

____

____

Was stimmt?

Bewegte Luft kann etwas tragen.

☐ L

Bewegte Luft kann nichts tragen.

☐ U

4 Versuche die Watte über die Ziellinie zu bewegen, ohne sie zu berühren. Wie machst du das?

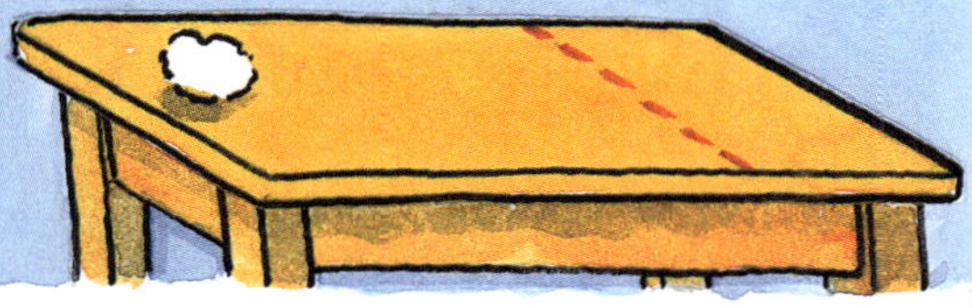

____

____

Was stimmt?

Luft kann nichts bewegen.

☐ (B)

Luft kann etwas bewegen.

☐ (L)

5 Renne eine kurze Strecke, so schnell du kannst. Versuche dies noch einmal und halte dabei ein großes Stück Karton vor deinen Körper. Welchen Unterschied bemerkst du?

____

____

Was stimmt?

Luft kann bremsen.

☐ (O)

Luft kann nicht bremsen.

☐ (R)

6 Spanne einen Luftballon über den Hals einer gekühlten Flasche. Stelle die Flasche in heißes Wasser. Was geschieht?

____

Was stimmt?

Warme Luft braucht mehr Platz als kalte Luft. ☐ (N)

Warme Luft braucht weniger Platz als kalte Luft. ☐ (T)

Das Lösungswort lautet: ◯ ◯ ◯ ◯ ◯ ◯

Wir nutzen Wind

Wind ist bewegte Luft. Viele Menschen nutzen den Wind.

1

Wind kann auch gefährlich werden. Einen starken Wind nennt man Sturm. Weht der Wind stärker als 120 Kilometer pro Stunde, nennt man ihn einen Orkan. Ein Orkan kann große Schäden anrichten.

Die Zeitung Nr. 49

Am Samstag tobte ein schwerer Orkan über dem Norden Deutschlands. Viele Bäume stürzten um und Häuser wurden abgedeckt. Durch den starken Regen kam es zu Überschwemmungen und Erdrutschen.

2 Befeuchte deinen Finger und halte ihn in die Luft.
Woran merkst du, aus welcher Richtung der Wind kommt?

3 Baue dir einen Windrichtungsanzeiger.

Töne und Geräusche

1 Kannst du mit diesen Gegenständen laute, leise, hohe, tiefe, kurze und lange Geräusche erzeugen oder sogar ein Lied vorspielen?

2 Baue dir ein eigenes Instrument.

3 Macht zusammen Musik wie ein Orchester.

1 Probiere aus. Was stellst du fest?

Wenn ein Gegenstand in Schwingung versetzt wird, entsteht ein Ton*.

Info

Schleiereulen können besonders gut hören.
Sie haben einen auffälligen weißen Gesichtsschleier aus Federn, mit dem sie die Schallwellen* auffangen und sammeln.
So können sie auch im Dunkeln ihre Beute hören und finden.

Wale senden Töne* und Geräusche aus.
Diese werden als Schallwellen* durch das Wasser übertragen.
So können sie sich über hunderte von Kilometern verständigen.

Lichtstrahlen

1 Probiere aus und male die Ergebnisse auf.

1.

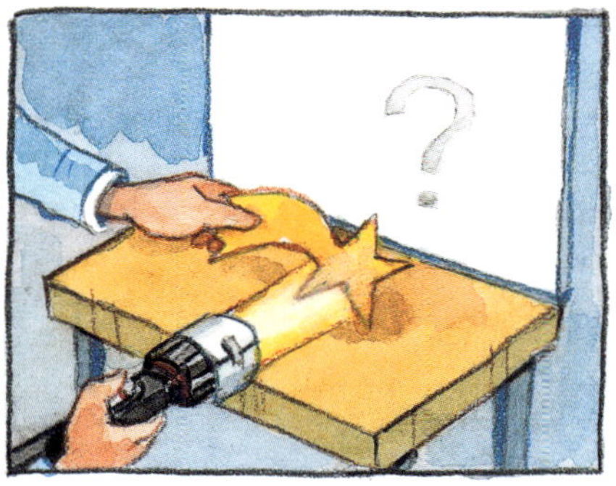

2.

3.

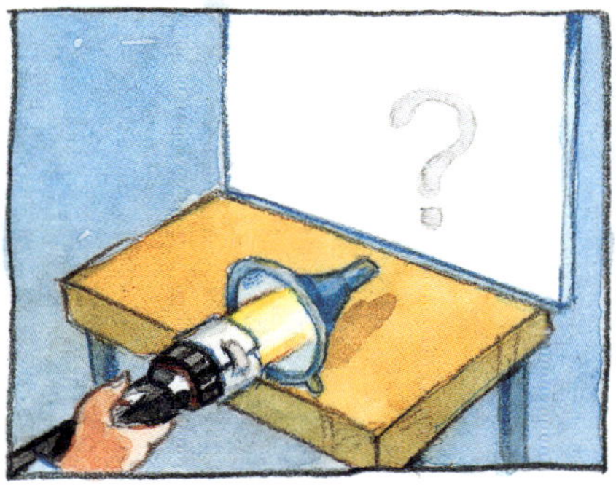

4.

Du brauchst:

Papier
Tesafilm
eine Schere
eine Taschenlampe

eine Brille
schwarzes Tonpapier
ein Glas Wasser
einen Trichter

2 Baue dir ein Strahlenrohr.

1. Spanne ein Stück Pergamentpapier über eine Seite der Rolle und befestige es mit dem Gummiband.

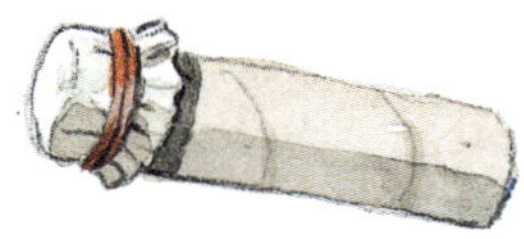

2. Stich mit einer Nadel ein Muster oder deinen Namen in das gespannte Papier.

3. Leuchte nun mit deiner Taschenlampe von der anderen Seite in das Rohr.

3 Welche Sätze sind richtig? Kreuze an.

- [ ] Lichtstrahlen können durch alles hindurch scheinen.
- [ ] Lichtstrahlen können um Gegenstände herum scheinen.
- [ ] Lichtstrahlen breiten sich immer geradlinig aus.
- [ ] Lichtstrahlen können durch Wasser hindurch scheinen.

Öffentliche Einrichtungen bei uns

Einrichtungen bei uns

Im Ort gibt es viele öffentliche Einrichtungen, die für uns alle wichtig sind.

1 Wie heißen sie?

2 Welche Einrichtungen werden die Kinder nutzen?
Trage die entsprechende Nummer ein.

3 Wozu sind diese Einrichtungen da?

1 Welche Einrichtungen gibt es bei euch? Erkunde das.

2 Wie kannst du dir Informationen beschaffen?

3 Informiere dich über Öffnungszeiten und Kontaktmöglichkeiten:

Bücherei

Polizei

Wohin mit dem Abfall?

1

2 Wie wird der Abfall bei euch getrennt?

3 Welche Abfallbehälter gibt es bei euch?
Zeichne die Behälter in der entsprechenden Farbe und beschrifte sie.

4 In welche Behälter gehören die Abfälle aus dem Bild?
Male in der entsprechenden Farbe aus.

5 Abfall kann man auch vermeiden. Welche Verpackungen findest du überflüssig?
Kreuze sie an. Begründe.

Gewusst wie ...

Wiederhole

1. Was kann Luft alles?
2. Wie entsteht ein Ton?
3. Auf welche Weise verständigen sich Wale?
4. Warum wird Müll getrennt?

Schau nach

5. Welche verschiedenen Lichtquellen gibt es?
6. An welchen Tagen werden bei euch die verschiedenen Müllarten abgeholt?
7. Worüber kannst du dich im Rathaus informieren? Nenne einige Beispiele.

Probiere aus

8. Was stellst du fest?

9. Hat Luft ein Gewicht?

Schlauberger

10. Können sich Astronauten auf dem Mond unterhalten? Begründe.

11. Was ist eine Windhose?
12. Warum schwebt ein Heißluftballon?

13. Was ist ein Postillion?
14. Was haben eine Kunststoffflasche und ein Fleecepulli gemeinsam?

Frühling im Garten

1 Was ist im Frühling alles zu tun?

Im Bild siehst du vier Frühblüher:
Veilchen, Buschwindröschen, Krokus und Narzisse.

2 Welche sind hier gemeint?

Ich habe  förmige Blätter: (1) ______________________

Ich besitze viele  förmige Blüten: (2) ______________________

Meine Blätter sind  förmig, meine Blüte  förmig: (3) ____________

Meine Blüte ist  förmig, gelb, hellblau oder lila: (4) ____________

3 Ordne den Frühblühern im Bild die richtige Ziffer zu.

1 Baue dir selbst einen Garten für die Fensterbank.

2 Beachte beim Säen die Anweisungen auf der Samenpackung.
Was bedeuten diese Informationen? Ordne die Texte von Seite 83 zu.

Aussaat	Keimung	Standort	Abstand	Ernte

3 Wie gehst du beim Säen vor? Nummeriere.

- [ ] Ich bedecke die Samen vorsichtig mit Erde.
- [ ] Ich ziehe mit einem Stock Rinnen in die Erde.
- [ ] Ich ebne die Erde mit einer kleinen Harke.
- [ ] Ich stecke Namensschilder in die Beete.
- [ ] Ich befeuchte die Rinnen.
- [ ] Ich säe die Samen mit Abstand.

Tiere im Frühling

1 Wie entwickeln sich Amseln?
Lies die Texte und ordne ihnen die passenden Bilder von Seite 87 zu.

kleben

Die Amsel baut im Frühling ihr Nest aus Moos, Zweigen, Lehm und Gras.

kleben

Sie legt etwa 4 Eier, die sie dann ausbrütet*. Dazu setzt sie sich auf die Eier und wärmt sie.

kleben

Nach zwei Wochen schlüpfen die Jungen. Sie sperren ihre Schnäbel weit auf. Vater und Mutter füttern sie mit Würmern und anderen kleinen Insekten.

kleben

Nach weiteren zwei Wochen sind die Amseljungen so groß, dass sie das Fliegen lernen.

2 Worin unterscheiden sich Amselmännchen und Amselweibchen?

3 Was fressen Amseln? Kreuze es an.

1 Wie entwickeln sich Schmetterlinge?
Lies die Texte und ordne ihnen die passenden Bilder von Seite 87 zu.

kleben — Das Schmetterlingsweibchen legt orange Eier auf die Blätter.	kleben — Aus den Eiern schlüpfen Raupen. Sie ernähren sich von den Blättern.
kleben — Haben die Raupen genug gefressen, dann verpuppen sie sich.	kleben — Aus der Puppe schlüpft ein Schmetterling.

Tagpfauenaugen legen ihre Eier gerne auf Brennnesseln ab.
Die Raupen ernähren sich von Brennnesselblättern.

2 Betrachte ein Tagpfauenauge. Male es naturgetreu aus.

3 Schmetterlinge haben einen langen Rüssel.
Mit diesem Rüssel saugen sie
den süßen Nektar* aus Blüten.

In der Arbeitswelt

Verschiedene Berufe

1 Welche Berufe üben diese Personen aus?

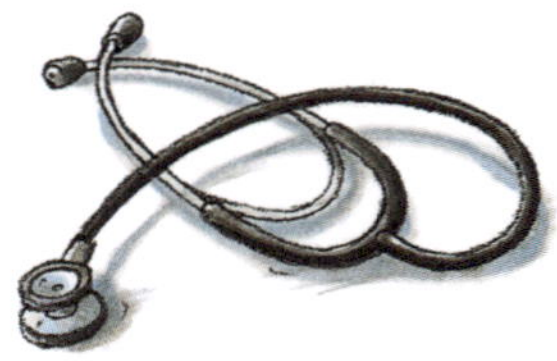

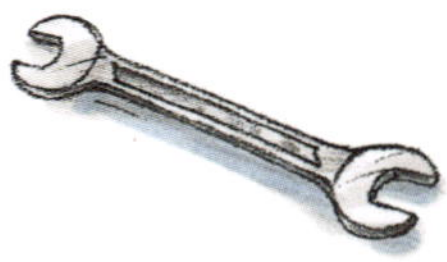

Landwirt Töpferin Ärztin Bäcker Polizistin
Feuerwehrmann Kfz-Mechaniker Architektin

2 Zu welchen Berufen gehören die Gegenstände? Verbinde sie miteinander.

Berufe in unserem Wohnort

1 In eurem Wohnort gibt es Menschen mit unterschiedlichen Berufen: ______________________

2 Befragt eine Person nach ihrem Beruf. Berichtet vor der Klasse.

Beruf: ______________________

1. Wie sieht Ihr Tagesablauf aus?

____

____

2. Brauchen Sie eine besondere Berufskleidung*?

____

3. Welche Geräte oder Werkzeuge brauchen Sie?

____

4. Was müssen Sie besonders gut können?

____

3 Was möchtest du noch über diesen Beruf wissen?

4 Mein Traumberuf:

Alte Handwerke

Früher arbeiteten viele Menschen zu Hause. Sie stellten Dinge her, die sie selbst brauchten oder auf dem Markt verkauften.

1 Ordne den Bildern die passenden Handwerke zu.
Verwende die Ziffern aus Aufgabe 2.

2 Welche Geräte und Werkzeuge brauchte man für die einzelnen Handwerke?

	Handwerk	Geräte und Werkzeug
1	weben	
2	spinnen	
3	töpfern	
4	Besen binden	
5	schmieden	
6	schnitzen	
7	Kerzen ziehen	

Kerzenziehen

Ein altes Handwerk selbst ausprobieren

1 Dazu braucht ihr:

2 In welcher Reihenfolge geht ihr vor? Nummeriere.

◯ Bindet die Schraubenmutter* an den Docht*.

◯ Lasst eure Kerze an einer Leine abkühlen.

◯ Schmelzt* die Wachsreste in einer Dose im Wasserbad*.

◯ Taucht den Docht* kurz in das geschmolzene Wachs.

◯ Wartet, bis das Wachs fest ist. Taucht den Docht* immer wieder ein, bis die Kerze dick genug ist.

3 Wie seid ihr vorgegangen?
Schreibe in der richtigen Reihenfolge auf.

1. ______________________________

2. ______________________________

3. ______________________________

4. ______________________________

5. ______________________________

Informationen suchen und finden

1 Ina und Peter suchen in einer Bücherei Informationen zum Thema Schmetterlinge.

2 Welche Medien* helfen den Kindern bei ihrer Suche?

1 ____________________ 4 ____________________

2 ____________________ 5 ____________________

3 ____________________ 6 ____________________

1 Über welches Thema möchtet ihr etwas erfahren?

Unser Thema heißt: ______________________________

2 Was möchtet ihr über dieses Thema herausfinden?

____

____

____

____

3 Besucht selbst eine Bücherei.
Wo habt ihr etwas über euer Thema gefunden? Kreuze jeweils an.

4 Das haben wir herausgefunden:

____

____

____

____

Den Computer kennen und nutzen

Viele Menschen arbeiten mit dem Computer. Auch du kannst ihn für die Suche nach Informationen, zum Lernen und zum Schreiben nutzen.

1 Diese Teile gehören alle zu einem Computer. Verbinde sie richtig.

Lautsprecher

Kopfhörer

Tastatur

USB-Stick

Drucker

Bildschirm

Digitalkamera

Maus

CD-ROM

Rechner

2 Welche Teile des Computers sind hier gemeint?

Er druckt aus, was auf dem Bildschirm zu sehen ist: ______________________

Mit ihr kannst du Befehle eingeben: ______________________

Sie geben Sprache und Musik wieder: ______________________

Auf ihm kannst du sehen, woran du gerade arbeitest: ______________________

Sie macht Bilder, die du am Computer anschauen kannst: ______________________

Sie speichern Informationen, Musik und Bilder: ______________________

____

1 Ina und Peter wollen am Computer einen Text über Schmetterlinge schreiben. In welcher Reihenfolge müssen sie vorgehen? Nummeriere die Sprechblasen.

2 Ina und Peter stellen ihr Thema der Klasse vor.

3 Stellt euer Thema der Klasse vor.

Ein Tag ohne Wasser

1 Wo wird überall Wasser gebraucht?

Info

Ein großer Teil der Erde ist mit Wasser bedeckt. Von diesem Wasser können Menschen, Tiere und Pflanzen aber nur einen kleinen Teil als Trinkwasser* nutzen.

Wasser ist kostbar

1

In Afrika verbraucht jeder Einwohner im Durchschnitt 30 Liter Wasser am Tag.
Bei uns in Deutschland sind es 130 Liter.
Das ist so viel wie eine volle Badewanne.

Wasser ist kostbar.

2 Wo kann man Wasser sparen? Umrande in Blau.

3 Wo kannst du selbst Wasser sparen?

Wasser hat Kraft

1

2 Baue ein Wasserrad und probiere es aus.

3 Wie sieht dein Wasserrad aus?

4 Welche Materialien hast du verwendet?

Obst und Gemüse

1 Male das Obst* und Gemüse* von Seite 85 in den richtigen Farben aus. Beschrifte es.

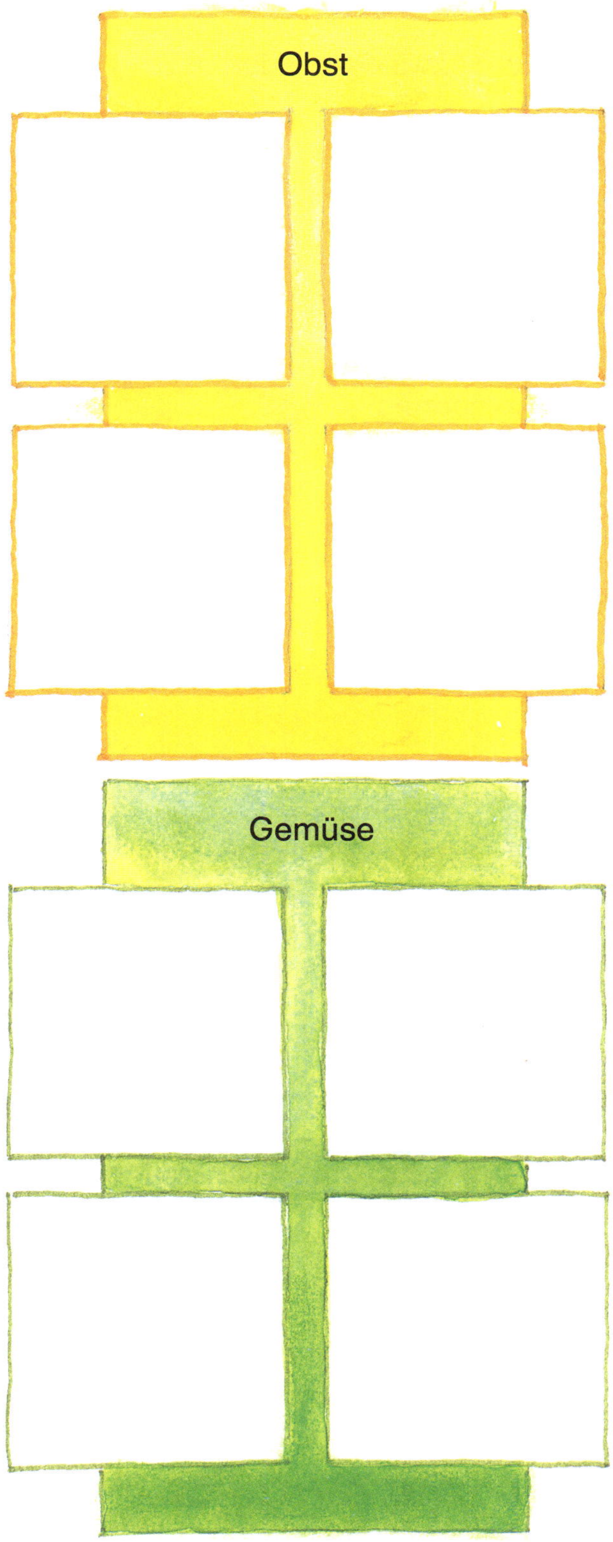

2 Erstelle einen Obst- oder Gemüsesteckbrief.

3 Stelle weitere Obst- und Gemüsesorten vor.

?! Gewusst wie …

Wiederhole

1. Was ist ein Steckling?

2. Was ist der Unterschied zwischen Säen und Pflanzen?

3. Nenne je vier Obstsorten und vier Gemüsesorten.

4. Nenne fünf Handwerksberufe.

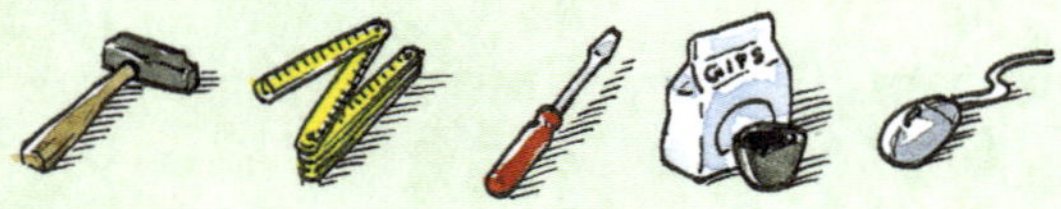

5. Welche Medien kannst du in einer Bücherei ausleihen?

Schau nach

6. Wie findet die Amsel Regenwürmer, die unter der Erde sind?

7. Wie verbringt das Tagpfauenauge den Winter?

8. Welche Vögel kehren im Frühling aus dem Süden zurück? Weshalb?

9. Welche Tätigkeiten üben diese Personen im Theater aus?

10. Finde bei fünf Obstsorten heraus, aus welchem Land sie stammen.

11. Es gibt im Internet besondere Suchmaschinen für Kinder. Suche eine heraus. Welche Informationen bekommst du dort?

Probiere aus

(1) Lass einen Schulvormittag lang einen Wasserhahn tropfen und fange die Tropfen in einem Messbecher auf. Wie viel Wasser kommt zusammen?

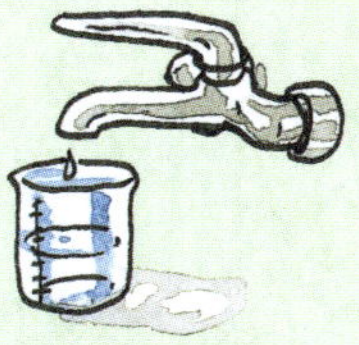

(2) Was erfährst du bei diesem Versuch über das Wachstum von Pflanzen?

Du brauchst: 

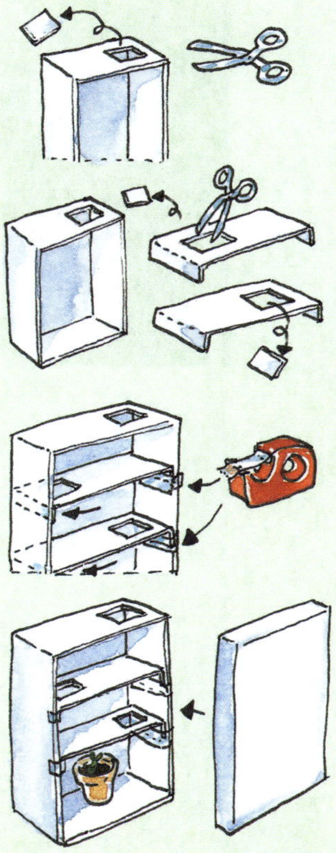

1. Schneide in die rechte obere Seite des Schuhkartons ein rechteckiges Fenster.

2. Schneide aus einer Pappe zwei Streifen, die etwas länger sind, als der Schuhkarton breit ist. Schneide zwei Fenster ein und knicke die Enden um.

3. Klebe die zwei Pappstreifen anschließend mit Klebeband in den Schuhkarton.

4. Setze nun die keimende Bohnenpflanze in den Karton.

5. Schließe den Schuhkarton mit dem Deckel. Öffne ihn nur zum Gießen.

6. Trage deine Beobachtungen in ein Forschertagebuch ein.

Schlauberger

(3) Warum schießt der Salat?

(4) Was ist Pikieren?

(5) Was ist ein Computerwurm?

(6) Was ist der Unterschied zwischen einem Pfirsich und einer Nektarine?

(7) Warum kann der Wasserläufer auf dem Wasser laufen?

(8) Was ist der Unterschied zwischen Steinobst und Kernobst?

Menschen leben unterschiedlich

Kennst du Europa?

Die Kinder aus der Klasse 2a suchen am Globus und auf der Europakarte Länder, die sie kennen.

1 Welche Länder kennst du?

____

____

2 Die Kinder unserer Klasse kommen aus:

____

____

Die Kinder haben aus dem Urlaub T-Shirts mit Länderkennzeichen* mitgebracht.

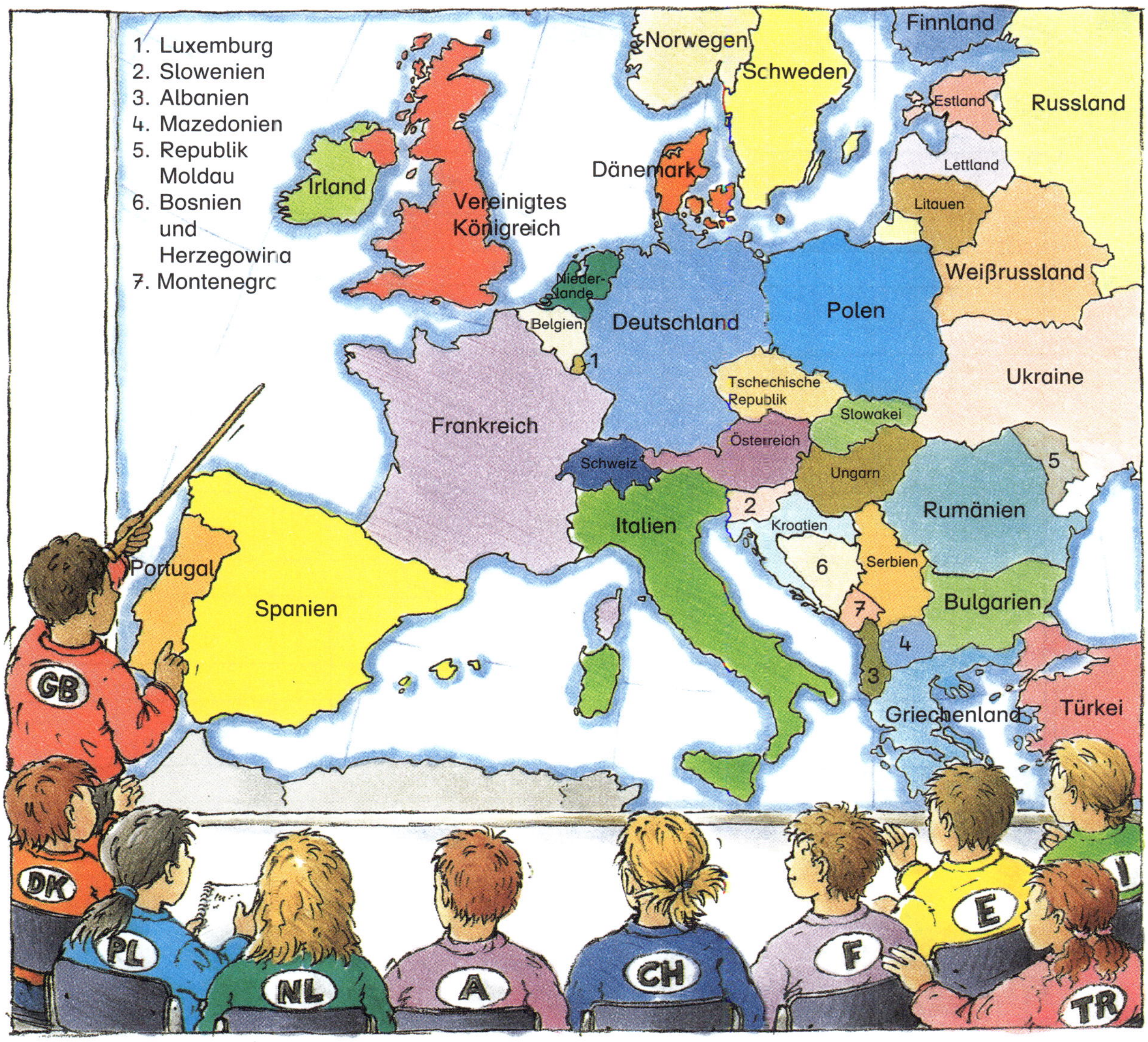

1 In welchen Ländern waren die Kinder?

E	______________________	**F**	______________________
I	______________________	**A**	______________________
TR	______________________	**GB**	______________________
CH	______________________	**NL**	______________________
DK	______________________	**PL**	______________________

2 Erstellt einen Ländersteckbrief und stellt ihn der Klasse vor.

Schule in England

Das ist ein Stundenplan von einem englischen Zweitklässler.

1 Vergleiche ihn mit deinem Stundenplan.

timetable

Zeit	Montag	Dienstag	Mittwoch	Donnerstag	Freitag
8.55	Versammlung und Anwesenheitsprüfung				
	Englisch	Mathematik	Englisch	Sachunterricht	Sport
	Religion	Gesundheits- u. Sozialerziehung	Religion	Mathematik	Französisch
10.45	PAUSE				
11.05	Mathematik	Englisch	Mathematik	Englisch	Mathematik
12.05	MITTAGESSEN				
13.05	Anwesenheitsprüfung				
13.10	Französisch Sport	Erdkunde	Kunst	Musik	Englisch
14.10	PAUSE				
14.20	Sachunterricht	Erdkunde	Kunst Musik	Darstellende Kunst	Informatik
	Arbeitsgemeinschaften				

2 Wo sind die dargestellten Situationen im Stundenplan zu finden? Male jeweils in der gleichen Farbe aus.

Spielzeug aus anderen Ländern

Afrikanische Kinder sind sehr erfinderisch. Sie bauen ihr Spielzeug selbst. Dazu verwenden sie alles, was sie finden.

1 Baue selbst ein Fahrzeug.

2 Jedes Auto besteht aus mehreren Teilen. Welche Dinge hast du verwendet?

für die Räder:

____

für die Achsen*:

____

für die Karosserie:

____

Magnetismus

1 Was passiert? Probiere es aus.

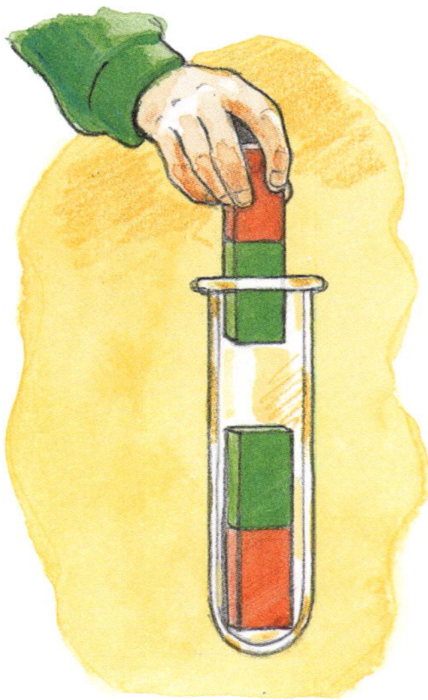

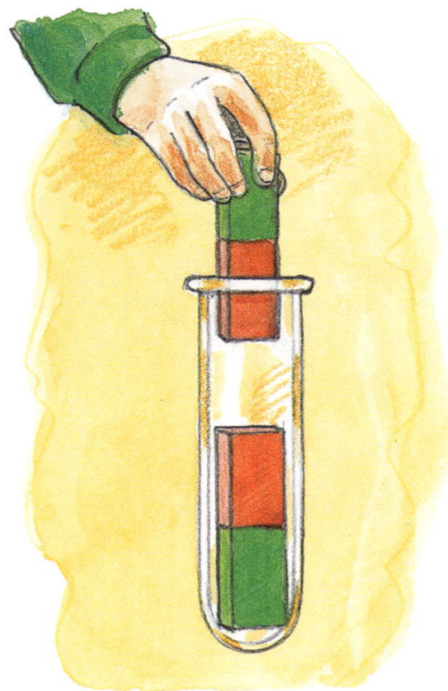

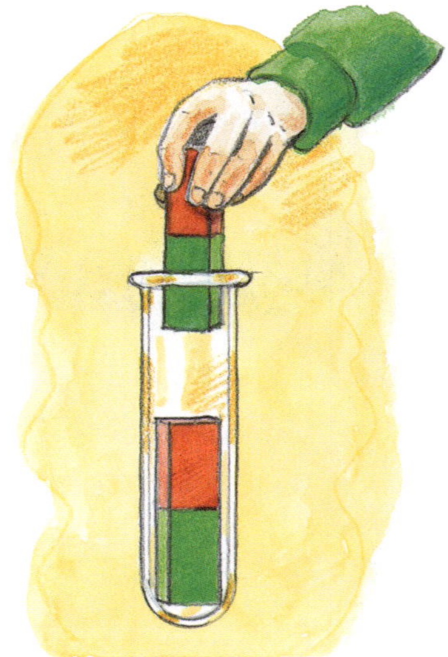

Die Magnete ... Die Magnete ... Die Magnete ...

2 Experimentiere mit Magneten.

3

Bringe die Vogelscheuche vom Start zum Ziel, ohne sie mit der Hand zu berühren.

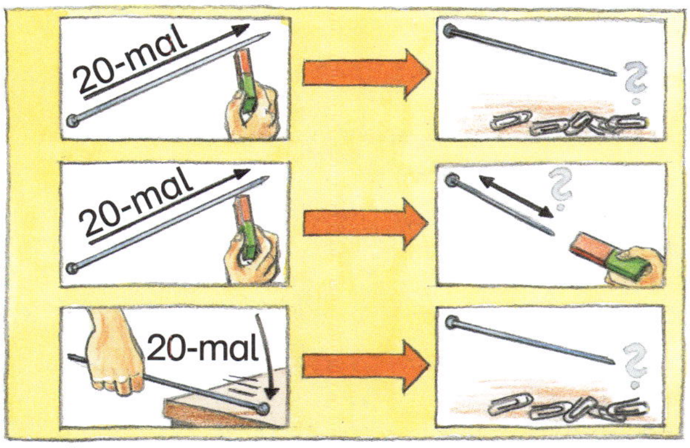

4

Führe die drei Versuche durch. Was stellst du fest?

5

Durch welche Gegenstände und Stoffe wirkt die Magnetkraft?

6

Versuche das Auto in die Garage einzuparken, ohne es zu berühren.

Strom

1

2 Beleuchte selbst deine Schuhkartonwohnung.

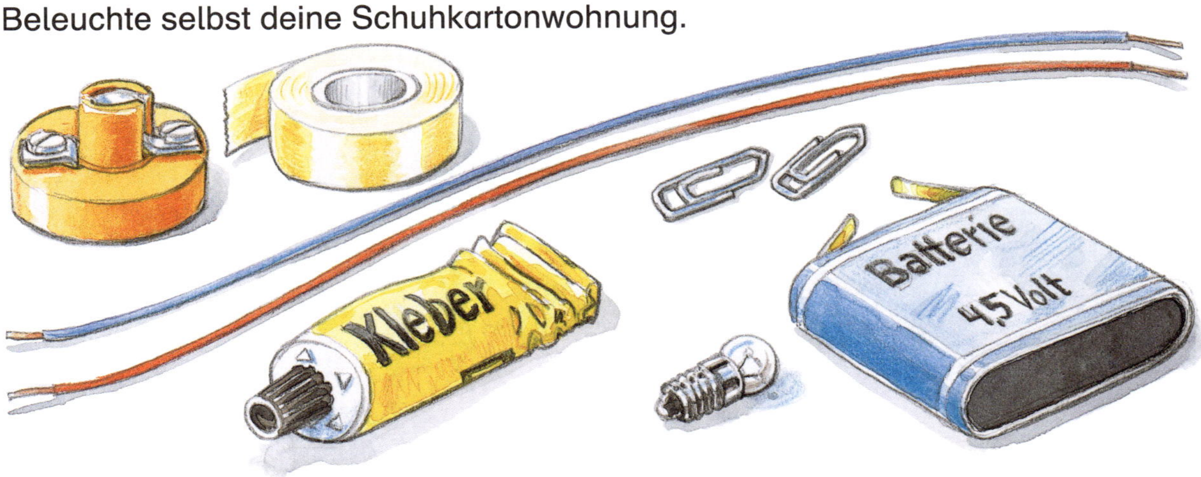

3 Denke dir einen Lichtschalter für deine Beleuchtung aus.

Info

Wenn Strom durch die kleine Drahtspirale in der Glühbirne fließt, wird sie sehr heiß, fast 2500 Grad. Der Draht beginnt zu glühen und leuchtet. Er verbrennt nicht, weil in der Glühbirne ein luftleerer Raum ist.

Steine

1 Bringt Steine mit.

2 Mit Steinen kann man ...

... Geschichten erzählen.

... Musik machen.

... bauen.

... Dinge gestalten.

Steine berichten von früher.

In Steinen kann man Formen und Figuren erkennen.

Schwierige Wörter

A

Achse. Eine Achse ist ein Stab, an dem zwei Räder angebracht sind. Sie dreht sich, wenn das Fahrzeug fährt. Jedes Auto hat eine Vorderachse und eine Hinterachse.

Adoptieren ist lateinisch und heißt auf Deutsch „annehmen".
Wenn Eltern ein Kind adoptieren, nehmen sie es als ihr eigenes Kind an, obwohl sie nicht die leiblichen Eltern sind. Leibliche Eltern sind die Eltern, die das Kind gezeugt und geboren haben, es aber nicht aufziehen können. Adoptivkinder bekommen den Nachnamen der neuen Eltern.

Augapfel. Das ganze Auge hat die Form einer kleinen Kugel und wird deshalb Augapfel genannt.
Er liegt geschützt in der Augenhöhle, die von den Schädelknochen gebildet werden.

Augenbraue. Das sind Haare, die über dem Auge wachsen.
Wie ein Schweißband halten sie den von der Stirn rinnenden Schweiß auf. Sie verhindern dadurch, dass er in die Augen läuft.

Augenlid nennt man eine dünne Haut, die wie ein Deckel das Auge schützt und es beim Schlafen verschließt, damit kein Licht hineinfällt. Jedes Auge hat ein unteres und ein oberes Augenlid.

Ausbrüten. → Brüten.

B

Berufsbekleidung ist Kleidung, die bei der Ausübung eines bestimmten Berufes getragen wird. Zum einen schützt sie den Körper, zum anderen kann man daran schnell erkennen, welchen Beruf eine Person ausübt.

Brüten. Vögel legen Eier, in denen sich die jungen Vögel entwickeln.
Die Eier müssen dazu gleichmäßig warm gehalten werden.
Die Vögel setzen sich vorsichtig darauf und brüten so die Eier aus.

C

Cousin. Der Sohn deines Onkels und deiner Tante ist dein Cousin.
Er ist auch der Neffe deiner Eltern.
Früher wurde der Cousin oft Vetter genannt.

Cousine/Kusine. Die Tochter deines Onkels und deiner Tante ist deine Cousine. Sie ist auch die Nichte deiner Eltern.
Die Cousine wurde früher oft Base genannt.

D

Docht heißt die aus Baumwolle gefertigte Schnur in einer Kerze oder einer Lampe. Er führt das flüssige Wachs oder das Öl der Flamme zu, damit diese brennt.

E

Einglas, auch Monokel genannt, ist eine Weiterentwicklung des Lesesteins*. Er besteht aus einer flach geschliffenen und leicht nach außen gewölbten Glaslinse, die in eine Fassung mit Stiel eingepasst ist.
Wer früher nicht gut sehen konnte, hielt diese Sehhilfe mit einer Hand über den Text. Später wurde das Einglas zwischen der Wange und dem Oberlid am Auge eingeklemmt.

Erfinder sind Menschen, die eine bisher noch nie da gewesene Erfindung* gemacht haben.
Sie können ihr Werk zum Patent anmelden. Dann dürfen sie ihre Erfindung 20 Jahre lang allein nutzen.
Besonders berühmte Erfinder sind zum Beispiel Leonardo da Vinci, Benjamin Franklin und Otto Lilienthal.

Erfindung. Am Anfang jeder Erfindung steht die geniale Idee eines Menschen. Manchmal wird aus reinem Zufall etwas erfunden. Oft entstehen auch Erfindungen, weil Menschen den Wunsch haben, etwas besser oder schneller zu machen.
Nicht immer kann man vorhersehen, ob eine Erfindung für die Menschen nützlich sein wird oder ihnen auch Schaden bringen kann.

F

Familie. Von einer Familie spricht man, wenn in einem Haushalt Erwachsene und Kinder zusammenleben. Häufig leben auch nur der Vater oder die Mutter mit einem oder mehreren Kindern zusammen. Zu einer Familie können auch noch Verwandte gehören, die nicht im selben Haus wohnen.

G

Gemüse. Damit werden Teile von Pflanzen bezeichnet, die man essen kann. Gemüse kann sowohl roh als auch gekocht gegessen werden.
Es ist sehr gesund, da es viele Vitamine, Mineralstoffe und Ballaststoffe enthält. Man kann zwischen Blattgemüse (Salat, Spinat), Stängelgemüse (Spargel, Rhabarber), Wurzel- und Knollengemüse (Kartoffeln, Möhren), Zwiebelgemüse (Zwiebel, Porree), Gemüse aus Blüten (Blumenkohl, Brokkoli) und Fruchtgemüse (Tomaten, Paprika) unterscheiden.

Geschwister. Bruder und Schwester nennt man zusammen Geschwister. Sie haben denselben Vater und dieselbe Mutter. Wenn dein Vater oder deine Mutter eine neue Familie gründen und mit einem anderen Mann oder einer anderen Frau auch Kinder haben, dann sind diese Kinder deine Halbgeschwister.

K

Kristalle sind regelmäßig geformte Gebilde, die in der Natur vorkommen. Du findest zum Beispiel würfelförmige Kristalle aus Meersalz oder Bergkristalle in Höhlen und Felsspalten.
Die meisten Edelsteine, zum Beispiel Diamanten oder Rubine, sind ebenfalls Kristalle. Man kann aus Zuckerwasser oder Salzwasser mit etwas Geduld schöne Kristalle selbst züchten.

L

Länderkennzeichen. Jedes Land hat sein eigenes Länderkennzeichen. Die Buchstaben sind die Abkürzung für den Namen des Landes.
Länderkennzeichen sind oft am Auto angebracht. So kann man sehen, aus welchem Land das Auto kommt.

Lebensraum. Das Gebiet, in dem Tiere leben, nennt man ihren Lebensraum. Dort essen, trinken und schlafen sie und ziehen ihre Kinder auf.

Lesestein nennt man eine nach außen gewölbte Halbkugel aus geschliffenem Glas. Wenn man ihn mit der flachen Seite auf eine Schrift legt, erscheinen die Buchstaben viel größer. Bereits im 13. Jahrhundert nutzten die Mönche im Kloster diese Erfindung.

M

Medien ist ein Oberbegriff für Dinge, die Informationen und Wissen vermitteln. Dazu gehören zum Beispiel das Fernsehen, das Radio, Bücher, das Internet oder CD-ROMs.
Medien, zum Beispiel der Computer, können aber auch Informationen verarbeiten und speichern.

N

Nektar ist eine zuckersüße Flüssigkeit in Blüten. Damit locken die Blumen Insekten an. Bienen stellen aus dem Nektar Honig her.

A B C D E F G H I J K L M N O P Q R S T U V W X Y Z

O

Obst sind essbare Früchte und Samen von Pflanzen. Man unterscheidet zwischen Kernobst (Birne, Quitte), Steinobst (Pflaume, Kirsche), Beerenobst (Himbeere, Weintraube), Schalenobst (Walnuss, Haselnuss) und Wildobst (Holunder). Früchte enthalten viel Wasser im Fruchtfleisch. Samen hingegen enthalten viel Öl oder Fett.

P

Pupille nennt man die Öffnung in der Regenbogenhaut*, durch die das Licht ins Innere des Auges fällt. Die Pupille ist im Dunkeln weit offen, bei Helligkeit halb offen und zieht sich bei grellem Licht zu einem kleinen Loch zusammen.

R

Regenbogenhaut (Iris). So nennt man einen farbigen Ring rund um die Pupille*. Die Regenbogenhaut kann ganz unterschiedliche Farben haben, daher hat sie ihren Namen.

S

Schallwellen. Wird ein Gegenstand in Schwingung versetzt, so sendet er Schallwellen (Luftschwingungen) aus. Die Schwingung entsteht zum Beispiel durch Anklopfen eines Gegenstandes. Schallwellen werden in Wasser schneller übertragen als in der Luft. Die Lautstärke des Schalls hängt von der Kraft ab, mit der sich eine Schallwelle fort bewegt.

Schmelzen. Verwandelt sich ein fester Stoff durch Erwärmen in einen flüssigen Stoff, so nennt man das Schmelzen. Eis oder Kerzenwachs können zum Beispiel schmelzen.

Schraubenmutter. Die Mutter ist das Gegenstück einer Schraube. Damit sich eine Schraube nicht mehr löst, dreht man eine Mutter am Ende der Schraube fest.

T

Thermometer nennt man ein Messgerät für Wärme und Kälte, also für Temperaturen. Es gibt verschiedene Thermometer. Bei einem Flüssigkeitsthermometer liest man die Temperatur danach ab, wie hoch die Flüssigkeit in einem dünnen Röhrchen steht. Bei einem Digitalthermometer wird die Temperatur elektronisch gemessen und als Zahl dargestellt. Temperaturen misst man bei uns in Grad Celsius. Von einem geeichten Thermometer spricht man, wenn es so gebaut ist, dass es richtige Messerergebnisse aufweist.

Ton. Ein Ton entsteht, wenn ein Gegenstand zum Beispiel durch Anklopfen in Schwingung versetzt wird. Diese Schwingungen übertragen sich auf die Luft und breiten sich als Schallwellen* nach allen Seiten aus. Wenn sie auf unser Ohr treffen, hören wir einen Ton.

Trinkwasser. Ein großer Teil der Erde ist mit Wasser bedeckt. Der größte Teil davon ist salziges Meerwasser. Nur ein ganz kleiner Teil ist Süßwasser. Das Wasser, das man trinken kann, ist Süßwasser. Trinkwasser ist deshalb sehr kostbar.

W

Wasserbad. Darunter versteht man einen mit heißem Wasser gefüllten Topf, in dem man durch die Wärme des Wassers zum Beispiel Wachs oder Schokolade zum Schmelzen bringen kann.

Wimper. Wimpern sind feine Haare, die an den Augenlidern wachsen. Sie halten Schmutz vom Auge ab.

Ausschneidebögen

Zu S. 11

Zu S. 16

Schnee

Gewitter

Regen

Sonne

Nebel

Bewöl-
kung

Zu S. 18

Blätter

Wurzeln

Stamm

Krone

Zweige

Äste

Zu S. 19

Zu S. 28

Zu S. 53

mindestens 5 cm Abstand halten	sonnig bis halbschattig	Keimdauer: 8–10 Tage	Mai bis August, je nach Aussaat	März bis Juli ins Freiland

Zu S. 38

Haselstrauch
Schneeglöckchen
Christrose
Klatschmohn
Heckenrose
Glockenblume
Maiglöckchen
Schlüsselblume
Märzveilchen
Efeu
Herbstaster
Herbstzeitlose

Zu S. 67

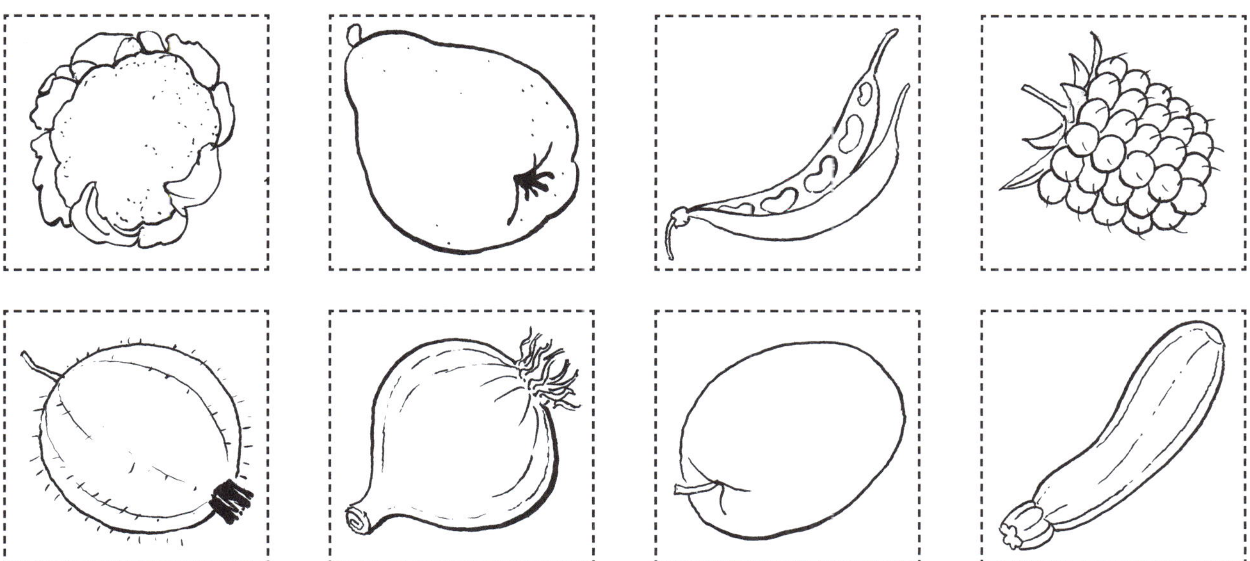

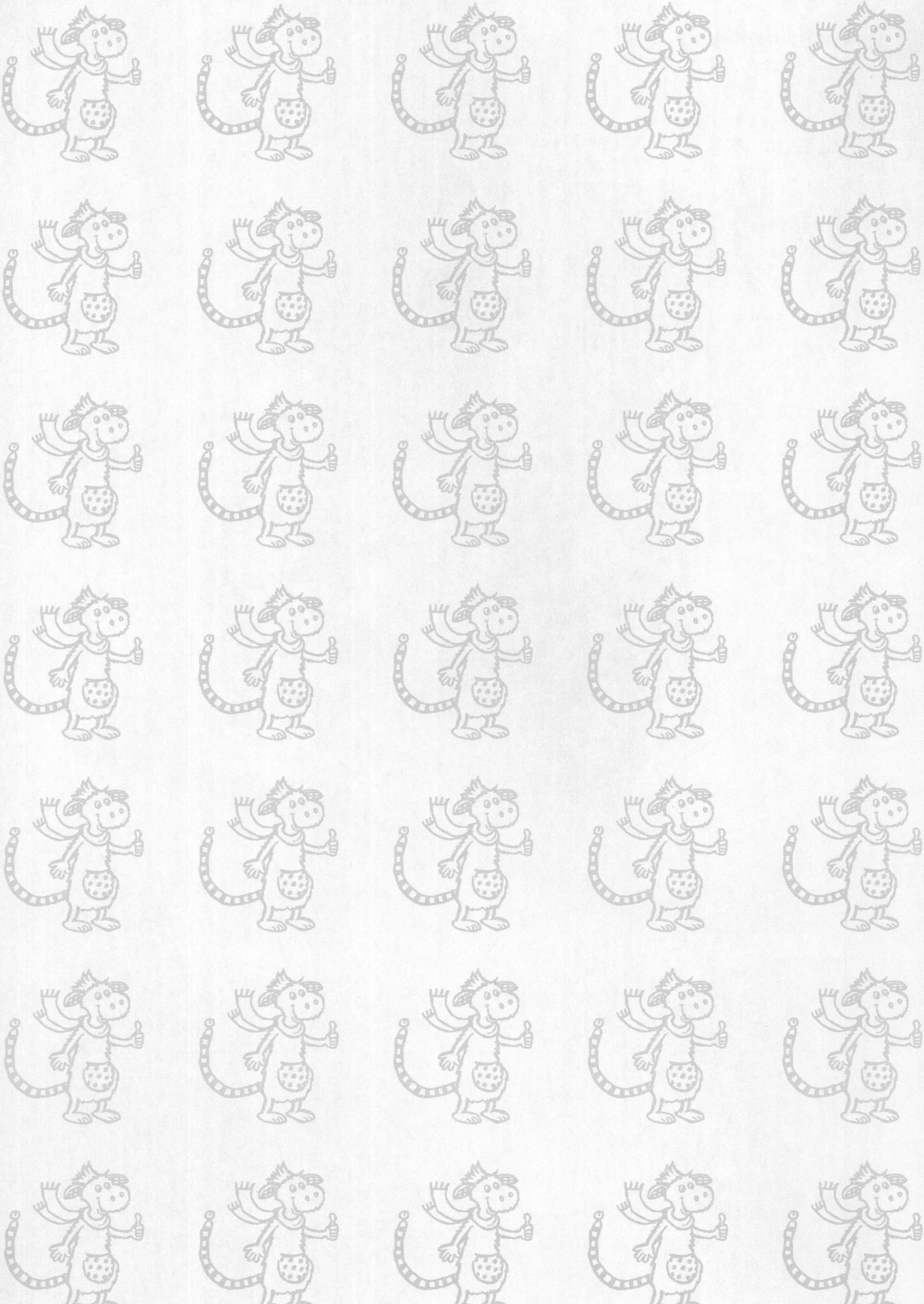

Zu S. 54

Zu S. 55